クイズッ！日本語王

北原保雄
編著

大修館書店

「クイズ！日本語王」は、ＴＢＳ系列で放送している番組です。

この本は、「クイズ！日本語王」にさきがけて6月に放送した特別番組「日本語チャンピオン決定戦'05」で使われた100の問題(Question)をもとに構成されています。

正解率は、小学生から50代の社会人まで、計1万人に対して実施したインターネットによるモニターテストの結果です。

さあ、あなたも、日本語王をめざしてチャレンジしてみましょう。

もくじ

BLOCK 1

「気休め」か「気易め」か?

―使い方が微妙です―

A、B、
どちらかを選んで
答えなさい。

6問正解で
平均点を突破！

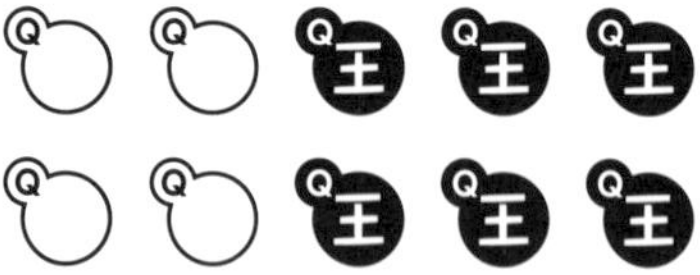

第１ブロックの正解率
53.5%

Q1

正解率
95%

難しいと
答えた人
17%

「いまだに独身《どくしん》です」の【いまだに】
正しい漢字はどっち？

A　今だに
B　未だに

解答

Q2

正解率
86%

難しいと
答えた人
27%

【ぜったいぜつめい】
正しい漢字はどっち？

A　絶体絶命
B　絶対絶命

解答

Q1

解説　「いまだに」は、予想や期待と違って、現在もその状態が続いているさまをいう語で、「まだ」と同じように使われますが、漢文訓読の「未《いま》だ」に由来するものです。「いまだ」の「今」とは関係ありません。〝い〟がとれて「まだ」になったのです。

正解
B

Q2

解説　「絶体」も「絶命」も九星《きゅうせい》占いで破滅を招く縁起の悪い星の名前です。どうしてもだめだという意味合いから、「絶対」を連想してしまって間違える人が多いようですが、「絶体」と「絶命」はどちらも星の名前で、それを並べた言葉なんです。「絶対に絶命」というわけではありません。

正解
A

Q3

「おうたいが丁寧だ」の【おうたい】
正しい漢字はどっち？

A　応待
B　応対

正解率
76%

難しいと
答えた人
34%

解答

Q4

「ふどうひょうをとりこむ」の【ふどうひょう】
正しい漢字はどっち？

A　浮動票
B　不動票

正解率
71%

難しいと
答えた人
32%

解答

Q3

解説　「おうたい」は相手に「応」じて「対」する、「対応」するという意味です。ですから、Bの「応対」が正解。「丁寧な応対で客をもてなす」などというときにも使いますから、「もてなす」という意味がある「待」という字かと思ってしまうかもしれません。「接待」「優待」「招待」というときには「待」です。

正解

B

Q4

解説　「ふどうひょう」は、特定の支持者や支持政党を持たず、選挙ごとに揺れ動く人たちの票のことです。ですから、Aの「浮動票」が正解。「不動」は「不動の地位を築く」などと使って、揺るがないという意味ですから、「不動票」では全く逆の意味になってしまいます。意味を理解していれば、間違えるはずはないのですが。

正解

A

Q5

正解率
61%

難しいと答えた人
19%

【じがじさん】

正しい漢字はどっち？

A　自画自賛

B　自我自賛

解答

Q6

正解率
49%

難しいと答えた人
44%

「いちどうに会する」の【いちどう】

正しい漢字はどっち？

A　一同

B　一堂

解答

Q5

解説　絵画に、その絵にちなんで書き添える詩句のことを「画賛」といいます。「じがじさん」は、自分の絵に自分で画賛を書くことで、自分で自分のことを誉《ほ》めるという意味。ですから、Aが正解です。「自我自賛」では、「自」も「我」も自分をさしていて、〝自分が自分が自分が〟となる。これでは、意味をなしませんね。

正解
A

Q6

解説　Aの「一同」は、「一同、起立」というように使うもので、居合わせたすべての人、全員という意味です。Bの「一堂」は、同じ建物、同じ場所という意味です。「いちどうに会する」は、同じ場所で会うという意味ですから、「一堂」が正解です。

正解
B

Q7

「人のあげあしを取る」の【あげあし】

正しい漢字はどっち？

A　揚げ足

B　上げ足

正解率 36%

難しいと答えた人 41%

解答

Q8

「きやすめを言うな」の【きやすめ】

正しい漢字はどっち？

A　気休め

B　気易め

正解率 32%

難しいと答えた人 41%

解答

Q7

解説　「上げる」は、もともと広く使える表記なので、この場合もAでなくてはいけないというわけではありませんが、慣用がかなり固定しているということでAを正解とします。たとえば、「手を挙げる」は「挙手」という漢語があり、わかりやすいでしょうが、「揚げ足」は少し難しいですね。

正解

A

Q8

解説　「きやすめ」は、「気を休める」という意味ですから、意味を考えれば自《おの》ずと答えはわかるはずなんですが、正解率は低いですね。「易《やす》い」というのは、簡単、たやすいという意味ですから、「気易め」では意味をなしません。

正解

A

Q9

【なしのつぶて】
正しい漢字はどっち？

A　梨のつぶて
B　無しのつぶて

正解率
22%

難しいと
答えた人
42%

解答

Q10

【かきいれどき】
正しい漢字はどっち？

A　掻き入れ時
B　書き入れ時

正解率
7%

難しいと
答えた人
31%

解答

Q9

解説　「つぶて」というのは今はあまりなじみがない言葉ですが、漢字で書くと「礫」で、投げつけるための小石のことです。「なしのつぶて」は手紙を出したのに何の返事もないこと。「なし」は便りが「無し」ということですが、「つぶて」と続けるのですから、投げることのできる「梨」でなければなりません。「梨」と書くAが正解です。

正解
A

Q10

解説　「かきいれどき」は、江戸時代に商店で使っていた言葉で、帳簿の書き入れに忙しい時というのがもとの意味ですから、「書き入れ時」と書きます。ですが、儲《もう》けが多い時のことをいうので、金を掻き集めるというイメージがあまりにもぴったりと当てはまってしまい、俗解してAだと思っている人がとても多い。間違えやすい問題です。

正解
B

BLOCK 2

「灰汁」は何と読む？

―ひと筋縄ではいかない漢字の読み―

漢字の読み方を
ひらがなで正しく
書きなさい。

5問正解で
平均点を突破！

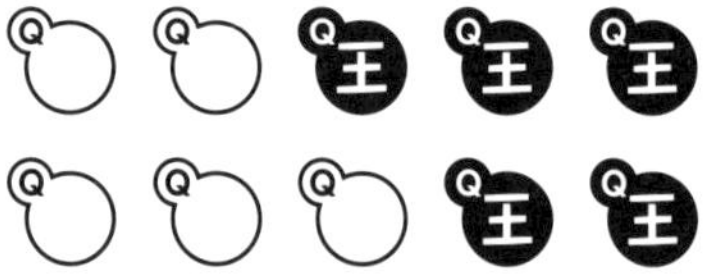

第２ブロックの正解率
41.6%

Q11

境内

正解率
93%

難しいと答えた人
8%

解答

Q12

老舗

正解率
86%

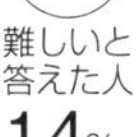
難しいと答えた人
14%

解答

Q11

解説　これは一見すると「きょうない」と読んでしまいがち。漢和辞典を見ても「境」を「けい」と読むのはほかに例がなく、「内」を「だい」と読むのは「入《じゅ》内《だい》する」「内《だい》裏《り》さま」くらいのもので例は多くありません。ですから、「けいだい」とまとまった言葉で覚えていないと読めません。類推ではわからないでしょう。

正解
けいだい

Q12

解説　もとは「仕《し》似《に》為《す》」という動詞の連用形で、先祖代々の家業を守りつぎ似せていくという意味です。それを「老舗」という字に当てた熟字訓（＝熟字に訓を当てた読み）です。「舗《ほ》」は店という意味で、「本《ほん》舗《ぽ》」「酒《しゅ》舗《ほ》」「茶《ちゃ》舗《ほ》」などの語もあります。「ろうほ」とも読めますが、これは文語の読みですから、正解は「しにせ」です。

正解
しにせ

Q13

凡例

正解率
59%

難しいと
答えた人
46%

解答

Q14

灰汁

正解率
46%

難しいと
答えた人
49%

解答

Q13

解説　「凡」は「ぼん」と読むと、ありふれたという意味。「凡夫」「凡才」「凡人」「平凡」などはこの読みです。「ぼんれい」と読むと、ありふれた例という意味になってしまいますね。「凡例」とは、書物の編集方針・構成・使用法などを示したものをいうのですから、「はん」は、おしなべて（＝全体に渡って）の意です。

正解
はんれい

Q14

解説　これも熟字訓で、知っていなければ読めません。知らないと「はいじゅう」「あくじゅう」と読みたくなるかもしれません。「あく」は灰を水につけてできる上澄みの液のことですから、「灰汁」という漢字を当てたわけですね。ちなみに、灰汁はアルカリ性で、昔から洗濯や染め物などに使っています。

正解
あく

Q15

柿落とし

正解率
32%

難しいと答えた人
63%

解答

Q16

時化

正解率
29%

難しいと答えた人
63%

解答

Q15

解説　「杮（八画）」は、材木の削りくずの意で「こけら」と読みます。「杮落とし」は、新・改築された劇場で、残ったこけらを落とすという意。似た字の「柿（九画）」は「かき」です。もとをたどると「杮（こけら）」は「柹（ハイ）」、「柿（かき）」は「枾（シ）」で、それが、似た漢字になったというわけです。

正解
こけらおとし

Q16

解説　これは全くの当て字ですね。海が荒れることを言いますので、時がきて急に海が変化するというような意味から当てたのでしょうか。知らないと「じか」などと読んでしまうでしょうね。

正解
しけ

Q17

逆上せる

正解率

19%

難しいと答えた人

59%

解答

Q18

松明

正解率

33%

難しいと答えた人

42%

解答

Q17

解説 「逆上（ぎゃくじょう）する」ならすぐわかるでしょうが、「逆上せる」となると、わからない人がかなりいるようですね。でも、「逆上（ぎゃくじょう）する」から考えていくとわかりやすいですよ。逆上すると血がのぼる、つまりのぼせるということ。それで、「のぼせる」は熟字訓です。

正解
のぼせる

Q18

解説 これも熟字訓ですが、なんでこんな漢字を当てるかというと、「松」の油を使う「明」かりのことだからです。今は松の油を使わないでしょうが、松脂《まつやに》は実によく燃える。戦時中には、松の木の幹に切り込みを入れて缶詰の缶などで松脂をためて供出した、なんていうこともありました。「松《しょう》根油《こんゆ》」という言葉もありますよ。

正解
たいまつ

Q19

間髪をいれず

正解率
14%

難しいと
答えた人
15%

解答

Q20

態と

正解率
5%

難しいと
答えた人
73%

解答

Q19

解説　これは、「間《かん》に髪《はつ》を入れず」、すなわち、間に髪の毛一本を入れる隙間《すきま》もないということから、少しのあいだも置かずに、の意味を表す言葉です。「間」と「髪」はつながりません。「間、髪を入れず」とするとわかりやすいですね。ですから、「カンパツ」とは読みません。「間一髪《かんいっぱつ》」という言葉と混同して間違える人が多いようです。

正解
かんはつをいれず

Q20

解説　正解率からみても、読める人が非常に少ないですね。この漢字は当て字ですけれども、15世紀の節用集《せつようしゅう》（＝いろは順の国語辞書）にも登場するくらい、古くからあるんですよ。意識的にするという意味です。

正解
わざと

BLOCK 3

「青田**刈り**」か「青田**買い**」か？

―意味が違ってしまいます―

A、B、
どちらかを選んで
答えなさい。

6問正解で
平均点を突破!

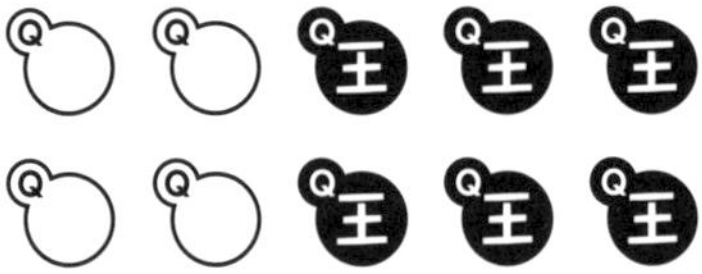

第 3 ブロックの正解率
52.9%

Q21

【不快な気持ちを表情に出すこと】

正しいのはどっち？

A　目をひそめる

B　眉《まゆ》をひそめる

正解率 95%

難しいと答えた人 7%

解答

Q22

【にっこりと微笑《ほほえ》むこと】

正しいのはどっち？

A　笑《え》みがこぼれる

B　笑顔《えがお》がこぼれる

正解率 95%

難しいと答えた人 14%

解答

Q21

解説　これはやってみればすぐわかりますよ。「ひそめる」というのは、顔をしかめること、眉のあたりにしわをよせることです。眉のあたりにしわを寄せることはできますが、目にしわは寄せられないでしょう。眉でなきゃだめだということですね。

正解

B

Q22

解説　顔に笑みを浮かべて、それがこぼれる、つまり、笑みが顔からこぼれるということですから、当然Aが正解。笑顔がこぼれる……、顔はこぼれますか？　笑顔はどこにもこぼれることができません。Bは間違いです。

正解

A

Q23

【ちょっとした言葉やしぐさを会話などにはさむこと】

正しいのはどっち？

A　合《あ》いの手を入れる

B　合《あ》いの手を打つ

正解率 69%

難しいと答えた人 32%

解答

Q24

【手がかりがなく、どうすることもできない様子】

正しいのはどっち？

A　取り付く島《しま》もない

B　取り付く暇《ひま》もない

正解率 64%

難しいと答えた人 5%

解答

Q23

解説　「合いの手」は、「間の手」「相の手」とも書き、会話などにはさむちょっとした言葉やしぐさのこと。はさむものですから、Aが正解。「相づちを打つ」「手を打つ」などという言葉がありますから、「打つ」が正解と考えてしまう人もいるかもしれませんが、「合いの手」は入れるものです。

正解　A

Q24

解説　発音上、〝し〟と〝ひ〟は混同しやすいので、「とりつくひまもない」とつい言ってしまっている人もいるようですね。島はなわばりとしている地域、転じて頼りとするものという意味です。すがるところがないことを言っているのであって、時間の余裕がないという意味の言葉ではありません。

正解　A

Q25

【物事の肝心《かんじん》な部分をズバリ捉《とら》えていること】

正しいのはどっち？

A　的《まと》を得《え》た意見

B　的《まと》を射《い》た意見

正解率 54%

難しいと答えた人 24%

解答

Q26

【企業などが優秀な人材を得るため、学生を早々《はやばや》と採用すること】

正しいのはどっち？

A　青田刈《あおたが》り

B　青田買《あおたが》い

正解率 53%

難しいと答えた人 27%

解答

Q25

解説　物事の要点を正しくおさえることを、矢で的を射ることにたとえているので、「得る」というのは間違い。いい所をとらえたような感じがして、「得る」だと思う人がいるようですね。的は目標ですから自分の手に得ることはできません。また、発音上、〝い〟と〝え〟は混同しやすいので、つい「える」と言ってしまう人も多いのでしょう。

正解
B

Q26

解説　意味は、実って刈り取るべき時期を待たないで、青田のうちに買っておくこと。稲が実ってから刈ることに意味があるわけで、実になるのを待たないで青田のうちに刈ってしまっては、何の収入にもなりません。ですから、Aの「刈り」でなく、Bの「買い」が正解です。

正解
B

Q27

【状況を判断する能力がすぐれていること】

正しいのはどっち？

A　目端《めはし》が利《き》く

B　目鼻《めはな》が利《き》く

正解率
42%

難しいと
答えた人
37%

解答

Q28

【高熱《こうねつ》で意識がはっきりしないこと】

正しいのはどっち？

A　高熱にうなされる

B　高熱に浮かされる

正解率
29%

難しいと
答えた人
20%

解答

Q27

解説　目が届く先に気が行き届くことですから、Aの「目端」が正解。「目端」は、目の端っこということではなく、その場の様子を見はからう才知のこと。「目が利く(＝物の価値を見分ける能力がある)」「鼻が利く(＝嗅覚《きゅうかく》が鋭い)」という言葉があるので、混同しやすいかもしれません。「目鼻が付く」は、おおよその見通しがつくことです。

正解

A

Q28

解説　高熱で意識がはっきりしないというのは、意識が浮き上がって正常でなくなるという意味ですから、「浮かされる」が正解。「うなされる」は、苦しむという意味です。確かに高熱に「浮かされる」と「うなされる」ことが多いでしょうが、高熱に浮かされなくても、悪い夢を見てうなされるなどということもあります。

正解

B

Q29

【スキをつかれて、失敗させられること】

正しいのはどっち？

A 足元《あしもと》をすくわれる

B 足をすくわれる

正解率 14%

難しいと答えた人 10%

解答

Q30

【激しく怒ること】

正しいのはどっち？

A 怒《いか》り心頭《しんとう》に発《はっ》する

B 怒《いか》り心頭《しんとう》に達《たっ》する

正解率 14%

難しいと答えた人 24%

解答

Q29 解説

足をすくわれるからひっくり返るのです。「足元」というのは、足の下や足の周りのことですから、その辺の空気をすくわれたって転びませんね。足元をいくらすくっても、足をすくわないと転ばない。「足元に火がつく」「足元の明かり」なんていうのは、足の辺りのことですから、「足元」でいいのです。

正解

B

Q30 解説

「心頭」はこころ、心中のこと。「心頭を滅却すれば火もまた涼し」は、心の中を無にすれば火も熱くないという意味です。「心頭」をあたまと思い、助詞の「に」を到達点と考えて、怒りが頭頂に達すると誤解している人が多いようです。しかし、この「に」は「において」とか「から」とかの意味で、「心中において怒りが発する」のように「発する」が正しいのです。

正解

A

BLOCK 4

「野菜の**さい**培」の「**さい**」はどう書く？

—感じが頼りでは漢字になりません—

(　)内の
ひらがなを
正しい漢字で
書きなさい。

6問正解で
平均点を突破!

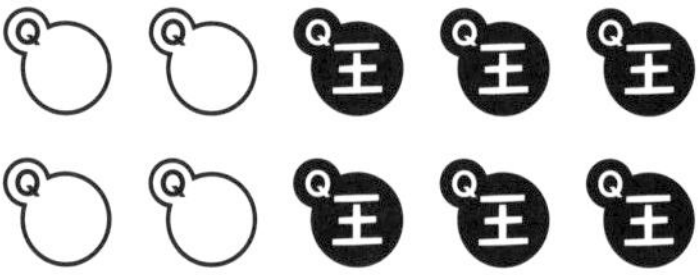

第４ブロックの正解率
52.3%

Q31

（けん）康

に気をつける

正解率 95%

難しいと答えた人 3%

解答

Q32

（はな）をかむ

正解率 85%

難しいと答えた人 3%

解答

Q31

解説　人が強く立つのが〝すこやか〟ですから、人偏《にんべん》がなくてはいけません。「健」も「康」も小学四年生で習う漢字です。

正解
健

Q32

解説　大体わかっているけど、正確にかけない漢字ですね、上の部分を「白」と書いてしまったり、下の部分を「介」と書いてしまったりする人がいるようです。「自」の部分が、鼻の象形《しょうけい》ですから、「白」では駄目です。息が通るのが鼻なので「自」の下に「心」と書くと「息」になる。これは小学三年生で習う漢字です。
「はなみず」の意味で「洟」とも。

正解
鼻

Q33

（はぎ）の花

正解率
64%

難しいと答えた人
31%

解答

Q34

魚を（あみ）ですくう

正解率
56%

難しいと答えた人
31%

解答

Q33

解説　「荻《おぎ》」と間違える人がいるかもしれませんね。ちなみに、「萩」は中国ではヨモギのことなんですよ。日本では平安時代以来秋の草（＝秋に花の咲く草）という意味でこの字を書いて、定着していますが。

正解
萩

Q34

解説　「綱《つな》」と間違える人がいるかもしれませんが、「網」で一番大事なのは「亡」の部分なんです。「亡」に隠すとかあみの意味があるのですから、そこを間違えてはいけません。ちなみに、「網」は中学三年生、「綱」は中学一年生で習う漢字です。

正解
網

Q35

ものしり

（はか）士《せ》

正解率

54%

難しいと答えた人

17%

解答

Q36

（ふく）話術

正解率

54%

難しいと答えた人

41%

解答

Q35

解説　間違えるのは、点を忘れるところですね。点がないとテンで「はかせ」になりません。「はかせ」という読みは、常用漢字表（＝現代の国語を書き表す場合の漢字使用の目安を示したもの。昭和56年内閣告示）の付表《ふひょう》にある読み方で、正式には「はくし」と読みます。

正解
博

Q36

解説　「腹話術」というのは、唇を動かさずに「腹」の中で「話」す「術」という意味ですから、「復話術」などと書いてはいけません。

正解
腹

Q37

野菜を（さい）培《ばい》する

正解率
37%

難しいと答えた人
37%

解答

Q38

相《す》（もう）を取る

正解率
29%

難しいと答えた人
63%

解答

Q37

解説　「𢦏（サイ）」の部分が切るという意味を表します。植物に関係するから木を入れて「栽」なんです。ちなみに、衣服をたち切るのは「裁」、車を入れると「のせる」という意味の「載」という字になります。

正解
栽

Q38

解説　「相撲」はなぐり合うの意味で、「すもう」をこう書くのは当て字ですが、印象だけで漢字を覚えていると、「相模（さがみ）」などと間違ってしまいます。また、「角力」とも書きます。

正解
撲

Q39

人が殺《さっ》（とう）する

正解率
27%

難しいと
答えた人
66%

解答

Q40

完《かん》（ぺき）に仕上げる

正解率
22%

難しいと
答えた人
41%

解答

Q39

解説　「殺」は他の語に添えて程度のはなはだしいという意味を添える語です。「悩《のう》殺《さつ》」「忙《ぼう》殺《さつ》」などの「殺」も同じです。「殺倒」と間違える人が多いかもしれませんが、それではものすごく倒れるという意味になってしまいます。

正解

到

Q40

解説　よく「壁」と間違えてしまいますが、「璧」は、天子が祭りのときに使う、穴あき銭のような玉のことなので、「玉」の部分が重要です。そこを間違えてはいけません。

正解

璧

BLOCK 5

「台風の**当たり年**」は正しいか？

—もとの意味にさかのぼってみると—

正しいものに○、
間違っているものに
×を付けなさい。

5問正解で
平均点を突破!

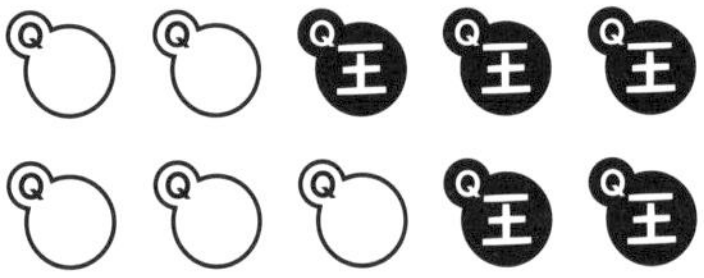

第5ブロックの正解率
44.4%

Q41

この【さいさき】の使い方、○か×か？

さいさきが悪い

解答

正解率 81%

難しいと答えた人 41%

Q42

この【辛党《からとう》】の使い方、○か×か？

彼は辛党だから、お土産《みやげ》にはワインがいいだろう

解答

正解率 49%

難しいと答えた人 27%

Q41

解説　「さいさき」は漢字で書くと「幸先」で、「さきさき」から転じた言葉です。漢字を見るとよくわかるように、本来的には良いことが起こる前兆、吉兆について使う言葉です。最近は良くないことにも言う人が増えていますが。

正解

×

Q42

解説　「辛党」は酒好きの人のことで、辛いもの好きの人のことではありません。ですから、正解は○。漢字から辛いものが好きな人のことと俗解している人が多いんですよね。ちなみに、酒好きの人のことを「左党」ともいいます。「辛党」を「さとう（＝砂糖）」と呼ぶのは反対の響きがありますが。

正解

○

Q43

この【当たり年】の使い方、

○か×か？

今年は台風の当たり年で、風《ふう》水《すい》害《がい》も史上最大だった

正解率 51%

難しいと答えた人 44%

解答

Q44

【情けは人のためならず】の意味、

○か×か？

助けてばかりでは相手のためにならない

正解率 63%

難しいと答えた人 22%

解答

Q43

解説　「当たり年」は、農作物の収穫が多い年のこと。また、よいことが多く幸運な年をいうのですから、災害や事故など悪いことに使うのは適当ではありません。問題文の場合は、「今年は台風が多く、風水害も史上最大だった」などとすべきです。

正解
×

Q44

解説　正しい意味は、情けは人のためではなく自分のためになる、人に親切にすれば自分にいいことがある、ということです。「情けは人のためで・ない」ということです。「ためならず」を「ためにならず」と誤解して、「情けをかけると人のためにはならない」と思い込んでいる人が結構いるんですよね。

正解
×

Q45

【確《かく》信《しん》犯《はん》】の意味、
○か×か？

悪いとわかっていながらする犯罪のこと

正解率
31%

難しいと答えた人
29%

解答

Q46

「彼には役不足の仕事だ」の【役不足】の意味、
○か×か？

能力に比べ、簡単である

正解率
44%

難しいと答えた人
31%

解答

Q45

解説　正しくは、道徳的・宗教的・政治的な信念に基づき、自らの行為を正しいと確信してする犯罪のことです。「悪いとわかっていながらする」というのではあまっちょろい。悪いと思うのではなく、正しいと確信するという強い信念から起こる犯罪のことを言うんです。思想犯、政治犯などのことです。

正解
×

Q46

解説　よく間違える問題ですが、役がその人にとって不足しているという意味で使うのが正解。その役に人の能力が不足していると勘違いしてしまっている人が多いですね。「僕には役不足です」と謙遜《けんそん》の気持ちで使っている人がよくいます。これでは逆に、いばっていることになります。謙遜しているなら、「僕には力不足です」と言うべきです。

正解
○

Q47

「会議が煮《に》詰《つ》まる」の【煮詰まる】の意味、

○か×か？

うまくいかず、いき詰まる

正解率 27％

難しいと答えた人 19％

解答

Q48

「物語のさわりだけ」の【さわり】の意味、

○か×か？

最初の部分

正解率 32％

難しいと答えた人 34％

解答

Q47

解説　「煮詰まる」というのは、もと、煮えて水分がなくなりエキスだけが残ることですから、「会議が煮詰まる」というのは、十分に議論・相談などをして、結論が出る状態になるという意味です。「計画が煮詰まる」というのも、決して頓挫《とんざ》しそうな状況ということではありませんから注意して使いましょう。

正解
×

Q48

解説　印象的・感動的な部分というのが正しい意味です。語源は、江戸時代に浄瑠璃の竹《たけ》本義太夫《もとぎだゆう》が他の流派の印象的な部分を取り入れ、それを「さわり」と呼んだことから。それで、見どころ・聞きどころのことを「さわり」というのです。初めの部分だと思っている人が多いようですね。使いやすい言葉ですが、要注意です。

正解
×

Q49

【檄《げき》を飛ばす】の意味、
○か×か？

相手に気合を入れて励ます

正解率
19%

難しいと
答えた人
37%

解答

Q50

この【琴《きん》線《せん》に触れる】の使い方、
○か×か？

彼の不注意な一言が、彼女の琴線
に触れた

正解率
47%

難しいと
答えた人
43%

解答

Q49

解説　「激励《げきれい》」の「激」と間違えて、正解とした人も多いと思いますが、「檄」は古代中国で役所が召集の命令などを記して発行した文書のことで、それを広く飛ばすというのがもとの意です。決起を促すために、「自分の主張を広く知らせる」という意味が正解です。

正解

×

Q50

解説　「琴線」は、物事に感動し共鳴する胸の奥にある心情のことですから、「琴線に触れる」は、正しくは物事に感動するという意味。ですから、問題文の「不注意な一言」というようなマイナスのものは、琴線に触れません。

正解

×

第6ブロック

BLOCK 6

「姑息な手段」の意味は？

―意味をよく考えてみると―

正しいものに○、
間違っているものに
×を付けなさい。

6問正解で
平均点を突破！

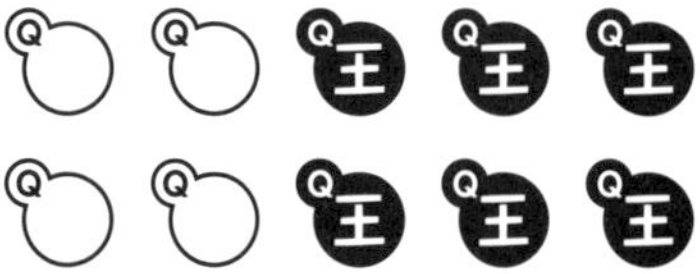

第６ブロックの正解率
55.5%

Q51

「外は雨《あめ》模《も》様《よう》だ」の【雨模様】の意味、

○か×か？

すでに雨が降っている様子

正解率
39%

難しいと答えた人
32%

解答

Q52

「憮《ぶ》然《ぜん》とする」の【憮然】の意味、

○か×か？

落《らく》胆《たん》して呆《ぼう》然《ぜん》とする様子

正解率
32%

難しいと答えた人
37%

解答

Q51

解説　古い言い方では、「雨催《もよ》い」。「催い」とは、そうなる兆《きざ》しが見えることです。「雨模様」は、本来は今にも雨が降り出しそうな様子のこと、あくまでも兆しが見えるという段階のことをいいます。「雪催い」という言葉もあります。これも、雪が今にも降り出しそうな気配がする様子をいう言葉です。

正解

×

Q52

解説　「憮然」の「憮」の字は、心を表す「忄(りっしん偏)」に「無」です。「無」はブという音を表すものですが、無いという意味です。ですから、心がなくなる、がっかりするという意。驚いたり落胆したりして呆然とする様子という意味で正解です。ただ「ブゼン」という語感が、何だか怒っている様子という感じをさせるのでしょうか？　意外に正解率が低いですね。

正解

○

Q53

この【かかりつけ】の使い方、○か×か？

かかりつけの美容師

正解率
97%

難しいと答えた人
10%

解答

Q54

「姑《こ》息《そく》な手段」の【姑息な】の意味、○か×か？

ずるい・卑《ひ》怯《きょう》だ

正解率
20%

難しいと答えた人
31%

解答

Q53

解説　「医者にかかる」とは言いますが、「美容師にかかる」と言うとおかしいでしょう？　ですから、慣用的に医者以外で「かかりつけ」は使いません。〝つけ〟は、いつも～しているという意の接尾語ですが、どんなになじみの人、よく行っている場所であっても、「かかりつけの食堂」『かかりつけの銀行」などというのは変ですよね。

正解

×

Q54

解説　この場合の「姑」はしばらく、取りあえずの意で、「息」は休むという意ですから、「姑息」は正しくは一時しのぎ、その場しのぎ、根本的な解決をせずに一時の間に合わせにするという意味です。その場しのぎは卑怯だったりすることが多いので、誤って使われるようになったのでしょうか。

正解

×

Q55

【一姫二太郎《いちひめにたろう》】の意味、

○か×か？

最初が女の子、次が男の子の順で産むのが良い

正解率 78%

難しいと答えた人 19%

解答

Q56

【花《はな》も恥《は》じらう乙女《おとめ》】の意味、

○か×か？

恥ずかしがりやの女性

正解率 76%

難しいと答えた人 32%

解答

Q55

解説　一人の女の子と二人の男の子で合計三人だと間違える人がいますが、問題文の通り、合計二人のことです。ひところは間違えて使う人が多かったけれど、意外に正解率が高いですね。少子化の時代ですから、三人より本来の二人の意味の方がイメージしやすくなってきたためでしょうか？

正解

○

Q56

解説　「恥じらう」という言葉だけに引っ張られて、つい「恥ずかしがる女性」のことだと間違える人が多いのでしょうが、「花も」に注意してください。正しい意味は「花も、恥ずかしく思うような若くて美しい女性」ということです。花は瑞々《みずみず》しいですから、やはり若い女性のことを形容する言い方ですね。

正解

×

Q57

「しおどきを見計《みはか》らう」の【しおどき】の意味、

○か×か?

引《ひ》き際《ぎわ》

正解率 8%

難しいと答えた人 22%

解答

Q58

【色気《いろけ》をみせる】の意味、

○か×か?

異性を惹《ひ》きつける性的魅力を出すこと

正解率 56%

難しいと答えた人 24%

解答

第6ブロック

Q57

解説　漢字で書くと「潮時」。潮には満ちる時も引く時もありますから、引き際という意味だけではなく、「ものごとをするのに一番よい場合、チャンス」というのが正しい意味です。文脈によって「引き際（＝撤退するのによい機会）」という意になることもありますが、これが本来の意味ではありません。

正解

×

Q58

解説　「色気」には確かに性的な魅力の意味がありますが、「色気をみせる」となると、「ある物事に対する意欲・欲望・野心を持つ」という意味になります。

正解

×

Q59

「彼は気《き》が置《お》けない人だ」の【気が置けない】の意味、○か×か？

油断《ゆだん》ができない

正解率
64%

難しいと答えた人
22%

解答

Q60

この【爆笑《ばくしょう》】の使い方、○か×か？

テレビを見て一人で爆笑した

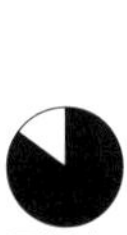

正解率
85%

難しいと答えた人
46%

解答

Q59

解説　「気が置けない」は「気を置く必要がない」つまり、遠慮する必要がない、気が許せるという意味です。「ない」と否定形になっているので「気を許せない」と混同して、逆の意味にとってしまうんですね。

正解

×

Q60

解説　「爆笑」は、大勢で声を上げて一斉に笑うという意味ですから、一人で爆笑はしません。一人で笑う場合は「ひとり笑い」？いえ、それでは薄気味悪い感じがしてしまいますから、一人でおおいに笑う場合は、「大笑い」「高笑い」などと言います。

正解

×

BLOCK 7

球を転がすのは「**ボウリング**」か「**ボーリング**」か？

—意外に難しいカタカナの書き方—

正しいカタカナを、A、Bどちらかから選んで答えなさい。

7問正解で
平均点を突破！

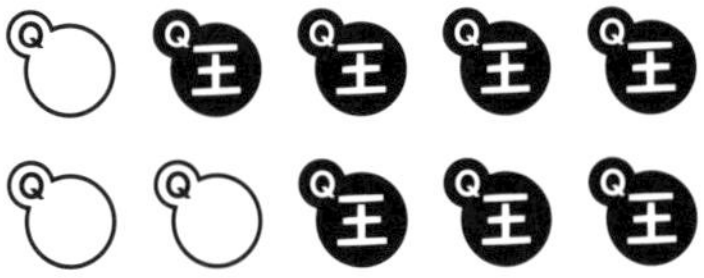

第７ブロックの正解率
65.8%

Q61

【土《ど》砂《しゃ》の運搬・盛《も》り土《つち》などに使われるキャタピラ式土木機械】

正しいのはどっち？

A　ブルドーザー

B　ブルトーザー

正解率
93%

難しいと答えた人
10%

解答

Q62

【寝《しん》台《だい》。ねどこ】

正しいのはどっち？

A　ベット

B　ベッド

正解率
83%

難しいと答えた人
12%

解答

Q61

解説　もとの綴りは、bulldozerですから、Aが正解です。

正解
A

Q62

解説　もとの綴りは、bedですから、Bが正解です。

正解
B

Q63

【感情・思考・情報などを伝達・交換すること】

正しいのはどっち？

A　コミニケーション

B　コミュニケーション

正解率
83％

難しいと答えた人
19％

解答

Q64

【運動用、作業用のゆったりした上着】

正しいのはどっち？

A　ジャンパー

B　ジャンバー

正解率
78％

難しいと答えた人
27％

解答

Q63

解説　もとの綴りは、communication ですから、Bが正解です。

正解

B

Q64

解説　もとの綴りは、jumper ですから、Aが正解です。

正解

A

Q65

【小型のラケットで羽根《はね》のついた球を打ち合う競技】

正しいのはどっち？

A　バドミントン

B　バトミントン

正解率
78%

難しいと
答えた人
14%

解答

Q66

【心身の活力を養うための休養・娯楽】

正しいのはどっち？

A　レクリエーション

B　リクリエーション

正解率
76%

難しいと
答えた人
19%

解答

Q65

解説　もとの綴りは、badmintonですから、Aが正解です。ちなみに、バドミントンは競技の原型が整えられたイギリスの地名です。

正解

A

Q66

解説　もとの綴りは、recreationですから、Aが正解です。最近では「リクリエーション」と言う人も多いようです。

正解

A

Q67

【食事のときに汚れを防ぐために膝《ひざ》や胸にかける布や紙】
正しいのはどっち？

A　ナフキン
B　ナプキン

正解率
66%

難しいと答えた人
14%

解答

第7ブロック

Q68

【レーンの上に球を転がし、倒したピンの数で得点を競う競技】
正しいのはどっち？

A　ボウリング
B　ボーリング

正解率
50%

難しいと答えた人
19%

解答

Q67

解説　もとの綴りは、napkinですから、Bが正解です。ただし、「ナフキン」と言う人も増えているようです。

正解

B

Q68

解説　もとの綴りは、bowlingです。外来語を書く場合、長音は「ー」を書くのが原則で、原則に従って「ボーリング」と書くべきところですが、競技の方は、もとの発音を活かして書く慣用があり、それを尊重して「ボウリング」と書くことになっています。、Aが正解です。なお、穴を掘るboringは原則通りに「ボーリング」と書きます。

正解

A

Q 69

【熱帯アメリカ原産の果樹】

正しいのはどっち？

A　アボカド

B　アボガド

正解率 39%

難しいと答えた人 17%

解答

Q 70

【紅茶・緑茶などの葉を一杯分ずつ薄い紙の袋に詰めたもの】

正しいのはどっち？

A　ティーパック

B　ティーバッグ

正解率 12%

難しいと答えた人 15%

解答

Q69

解説　もとの綴りは、avocadoですから、Aが正解です。「アボガド」と言う人もかなりいるようです。

正解
A

Q70

解説　もとの綴りは、tea bagですから、Bが正解です。

正解
B

BLOCK 8

「唯一」の読みは、「**ゆいつ**」と書くか、「**ゆいいつ**」と書くか？

―ひらがなの書き方には決まりがあります―

A、B、
どちらかを選んで
答えなさい。

6問正解で
平均点を突破！

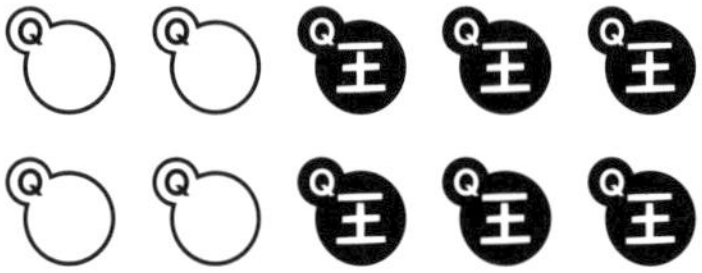

第８ブロックの正解率
59.6%

Q71

【別れるときの挨《あい》拶《さつ》の言葉】

正しいのはどっち？

A　さようなら

B　さよおなら

正解率

97％

難しいと答えた人

3％

解答

Q72

【飲食物の味のよさを十分に感じ取ること】

正しいのはどっち？

A　味あう

B　味わう

正解率

97％

難しいと答えた人

14％

解答

Q71

解説　一般の社会生活において、現代の国語を書き表すために定められた現代仮名遣い（昭和61年内閣告示）のきまりに従います。オ列の長音はオ列の仮名に〝う〟を添えることになっているので、「さよおなら」とは書きません。ほかに、「とうきょう／おとうさん／はっぴょう」なども同様です。

正解

A

Q72

解説　「味あう」とつい言ってしまうようです。大体、「わ」よりも「あ」のほうが発音しやすい。「わ」は唇を使って、「あ」は使いませんから。それで、「わたし」も「あたし」になってしまったんです。でも、名詞形にして、「味あい」とは言いませんね。「味わう」の「わう」は「賑《にぎ》わう」などの「わう」と同じです。

正解

B

Q73

【体育】の読みをひらがなで書くと、正しいのはどっち？

A　たいいく

B　たいく

正解率 93%

難しいと答えた人 3%

解答

Q74

【出会ったときの挨拶の言葉】正しいのはどっち？

A　こんにちは

B　こんにちわ

正解率 90%

難しいと答えた人 3%

解答

Q73

解説　「いい」と「い」がつながるから、ついつい縮めて「たいく」と言ってしまう人もいるかもしれません。耳で聞いた「たいく」を正しいと思い込んでいる人もいるかもしれませんが、漢字を見るとすぐにわかるでしょう。

正解
A

Q74

解説　漢字で書くと「今日は」。「は」は助詞の「は」なので、「は」と書きます。「こんばんは」「では、さようなら」「これは これは」なども同様ですね。「こんにちは」「こんばんは」では、助詞の「は」であるという意識が薄くなって、発音通りの「わ」で書く人も多くなってきましたが、仮名遣いとしては「こんにちわ」は誤りです。

正解
A

Q75

【唯一】の読みをひらがなで書くと、正しいのはどっち？

A　ゆいいつ

B　ゆいつ

正解率
83%

難しいと答えた人
7%

解答

Q76

【そうするよりほかに方法がない。仕方ない】ひらがなで書くと、正しいのはどっち？

A　やむおえない

B　やむをえない

正解率
80%

難しいと答えた人
10%

解答

Q75

解説　Q73と同じく「いい」と続けるところを、実際の発音では縮めてしまうのですね。テレビの放送などでも「ゆいつ」と聞こえることが多いように思いますが、書くときは「ゆいいつ」と書きましょう。

正解

A

Q76

解説　「止むことを得ない」の意味で、「止む」に助詞の「を」が付いているのです。語句の構成がわかっていないと、つい発音通りに書いてしまいますが、「やむおえない」ではいけません。

正解

B

Q77

【「～、そうだったのか。」驚いたとき、感心したとき、疑ったときなどに発する言葉】

正しいのはどっち？

A　へー

B　へえ

正解率
19%

難しいと答えた人
19%

解答

Q78

【寒さや恐ろしさで体がふるえ上がるような様子】

正しいのはどっち？

A　ぞーっとした

B　ぞうっとした

正解率
17%

難しいと答えた人
20%

解答

第8ブロック

Q77

解説　この問題も、現代仮名遣いのきまりに従います。エ列の長音は、エ列の仮名に「え」を添えることになっていますので、Bの「へえ」が正解。「ねえさん」「ええ、そうです」などというのも同様ですね。

正解

B

Q78

解説　この問題も、現代仮名遣いのきまりで、オ列の長音はオ列の仮名に「う」を添えると決まっているので、「ぞうっとした」と書きます。「ぞーっとした」は、間違える人が多いんですね。漫画などでは片仮名で「ゾーっとした」などと書いてあることが多いからかもしれませんが。

正解

B

Q79

【時間の「十分」】ひらがなで書くと、正しいのはどっち?

A　じっぷん

B　じゅっぷん

正解率 15%

難しいと答えた人 14%

解答

Q80

【相手を待たせたときに言う、挨拶の言葉】ひらがなで書くと、正しいのはどっち?

A　おまちどうさま

B　おまちどおさま

正解率 5%

難しいと答えた人 17%

解答

Q79

解説　「十」は、「十人（じゅうにん）」とか「十番（じゅうばん）」など長音になるときには「ジュ」となりますが、促音になる場合は「ジッ」となります。常用漢字表の音訓にも「ジュッ」という読み方はありません。「十指（じっし）」「十種（じっしゅ）」なども同様に「ジッ」です。

正解

A

Q80

解説　漢字では「お待ち遠さま」で、「遠い」は歴史的仮名遣いでは「とほい」なので「とおい」と書きます。歴史的仮名遣いでオ列の仮名に「ほ」が続くものは、現代仮名遣いではオ列の仮名に「お」を添えると決められているからです。この場合「ト・オ」と分けて発音されるか「トー」と長音に発音されるかは問題ではありません。「大《おお》きい」「公《おおやけ》」なども同様です。

正解

B

BLOCK 9

「崖っ縁」か「崖っ淵」か？

―連想ではなく、
実際の姿を思い浮かべてみると―

A、B、
どちらかを選んで
答えなさい。

5問正解で
平均点を突破!

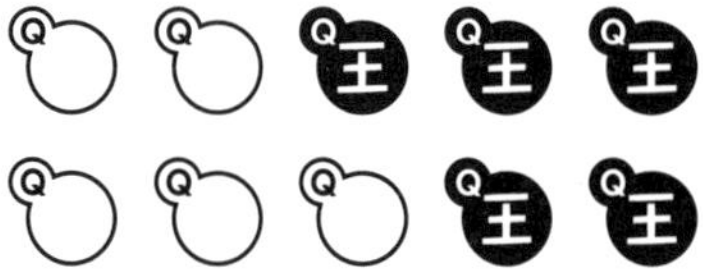

第 9 ブロックの正解率
49.4%

Q81

「ゆうしゅうの美を飾る」の【ゆうしゅう】
正しい漢字はどっち？

A　優秀

B　有終

正解率
93%

難しいと答えた人
22%

解答

Q82

「いかんに思う」の【いかん】
正しい漢字はどっち？

A　遺憾

B　遺感

正解率
85%

難しいと答えた人
24%

解答

第9ブロック

Q81

解説　「ゆうしゅうの美を飾る」は、最後までやりとおして立派な成果をあげるということ。この場合の「ゆうしゅう」は終わりをまっとうするという意味なので、正解はBです。有終の美を飾るのは優秀ですが、「優秀」とは書きません。

正解

B

Q82

解説　残念だ、心残りだという意味を持つ「憾」を使います。〝心残りなので、りっしん偏を忘れない〟とでも覚えておくとよいでしょうか。「遺」は残す、残るの意味です。

正解

A

Q83

「至《し》難《なん》のわざ」の【わざ】正しい漢字はどっち？

A　技

B　業

正解率
73%

難しいと答えた人
37%

解答

Q84

「きいたふうなことを言う」の【きいたふう】正しい漢字はどっち？

A　聞いたふう

B　利いたふう

正解率
64%

難しいと答えた人
49%

解答

Q83

解説　この場合の「わざ」は、技術という意味ではなくて、所業《しょぎょう》、行うことという意味ですから、Bの「業」を書きます。「わざを磨《みが》く」という場合は、技法を磨くわけですから「技」です。

正解
B

Q84

解説　「利く」というのは、機能がきちんと働くという意味です。「目が利く」とか「耳が利く」とか「保険が利く」とか「無理が利く」などは、この「利く」を使います。「利いたふうな」というのは、よく知りもしないのに知ったかぶりをして生意気な態度をとることを言い、「耳にした」という意味ではありません。

正解
B

Q85

【どろじあい】

正しい漢字はどっち？

A　泥試合

B　泥仕合

正解率
56%

難しいと答えた人
53%

解答

Q86

【がけっぷち】

正しい漢字はどっち？

A　崖っ縁

B　崖っ淵

正解率
39%

難しいと答えた人
47%

解答

Q85

解説　「試合」は技を競ったり、野球の試合のように勝負を争う場合に使い、「仕合」は同じようなことを仕合って争う場合に使います。「どろじあい」は、泥をかけあうように仕合うわけで、勝ち負けを争うわけではありませんから、Bの方が適当です。ただ、「しあい」は「し合う」という動詞の連用形で、「試」も「仕」も当て字です。書き分けは慣用によるものです。

正解

B

Q86

解説　危険な所というイメージからか、「淵」を連想してしまう人が多いようですね。「がけっぷち」というのは、崖のへりのことです。「崖」と「淵（＝水が深くよどんでいるところ）」がくっつくと確かに危険な感じはしますが、崖の下に必ず川が流れているわけでもないでしょう。この場合の「縁」は「へり」のことで、水は関係ありません。

正解

A

Q87

【まるぼうず】

正しい漢字はどっち？

A　丸坊頭

B　丸坊主

正解率
36%

難しいと答えた人
36%

解答

Q88

【しゃこうじれい】

正しい漢字はどっち？

A　社交辞令

B　社交辞礼

正解率
31%

難しいと答えた人
37%

解答

Q87

解説　「坊主頭」という言葉はありますが、「坊頭」という言葉はありません。「坊主」は、「坊の主《ぬし》」ということで、ひとつの寺院の主、住職のことです。住職は髪を剃ったり、短く刈った頭をしたりしているので、そのような頭のことを「坊主頭」、略して「坊主」といいます。さらに、丸く剃っているから、「丸坊主」という言葉ができたというわけです。

正解

B

Q88

解説　「辞令」は、人と応対するときの言葉づかいのことです。「外交辞令」「辞令を渡す」などと使います。礼儀というニュアンスで「礼」をイメージしてしまいがちですが、「辞礼」という言葉はありません。

正解

A

Q89

【げねつざい】正しい漢字はどっち？

A　下熱剤

B　解熱剤

正解率 14%

難しいと答えた人 17%

解答

Q90

「かつを入れる」の【かつ】正しい漢字はどっち？

A　活

B　喝

正解率 3%

難しいと答えた人 20%

解答

Q89

解説　一見すると、「熱を下げる」の方が良いように思えるかもしれませんが、「熱を解《と》く」と考えてください。「解く」には、除き去るという意味があり、「解毒《げどく》作用」「解脱《げだつ》する」などという言葉もあります。「毒を解く」のと同じように、熱を解いて下げるわけです。

正解
B

Q90

解説　極めて正解率が低いですね。「かつを入れる」は、気絶した人に活力を与えるということですから、Aの「活」が正解。「喝」は、禅宗で誤った考えや迷いを持っている人を叱って、「喝っ！」と大きな声を出す意味です。活力を取り戻すのに、必ずしも大声が必要とは限りませんので、「喝を入れる」とは言いませんね。

正解
A

BLOCK 10

「枝もたわわに」か「実もたわわに」か？

―使い方を間違えると意味の混乱が起きます―

正しい言い方を、
A、Bどちらかから
選んで答えなさい。

5問正解で
平均点を突破!

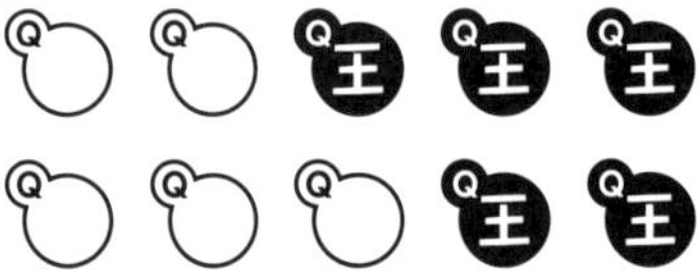

第 10 ブロックの正解率
44.3%

Q91

正しいのはどっち？

A　人生最大の窮地《きゅうち》に立たされる

B　人生最大の窮地《きゅうち》に落ちる

正解率
80%

難しいと答えた人
36%

解答

Q92

正しいのはどっち？

A　酸《す》いも甘《あま》いも嗅《か》ぎ分けた人だ

B　酸《す》いも甘《あま》いもかみ分けた人だ

正解率
66%

難しいと答えた人
32%

解答

Q91

解説　「窮地」は、逃げ場のない苦しい場所（＝状況・立場）ということですから、「立つ」が正解です。「窮地に陥《おちい》る」という言い方もあるので、くぼんでいるとイメージしてしまう人が多いのかもしれません。別に、落とし穴を言うわけではありませんから、「落ちる」は誤りです。

正解

A

Q92

解説　酸っぱいのも甘いのも口でわかるわけですから、嚙《か》み分けるのが正解。「酸いも甘いもなめる」「酸いも甘いも食う」「酸いも甘いも飲み込む」などの言い方もありますが、これらも全部口と関係しています。どれも経験豊かで世事《せじ》や人間関係の機微について分別があるという意味です。

正解

B

Q93

正解率
64%

難しいと
答えた人
24%

正しいのはどっち？

A　うる覚《おぼ》えの歌を口ずさむ

B　うろ覚《おぼ》えの歌を口ずさむ

解答

Q94

正解率
57%

難しいと
答えた人
37%

正しいのはどっち？

A　枯《か》れ木も山のにぎわい

B　枯《か》れ木も花のにぎわい

解答

Q93

解説　「うろ」は、不十分な、不確かなという意味の接頭語なんですが、ほかにあまり例がないので、なじまないのかもしれません。「うる覚え」と言っている人も多いかもしれませんが、そういう言い方はありません。

正解
B

Q94

解説　枯れ木というつまらないものでもあった方がいいということですから、意味から考えるとすぐにわかるはずですよ。「枯れ木に花（＝衰えたものが再び栄えること）」ということわざがあるので、混同している人が多いようですが、「花」ではいけません。

正解
A

Q95

正しいのはどっち？

A　枝《えだ》もたわわにりんごがなった

B　実《み》もたわわにりんごがなった

正解率 47%

難しいと答えた人 44%

解答

Q96

正しいのはどっち？

A　雪辱《せつじょく》を晴《は》らす

B　雪辱《せつじょく》を果《は》たす

正解率 39%

難しいと答えた人 46%

解答

Q95

解説　「たわわ」というのは「たわたわ」がつまった言葉で、「たわ」は、「たわむ（＝しなう）」の「たわ」です。しなうのは枝で、実がたわむということはあり得ません。「枝がしなうほどに実がなる」というわけです。

正解
A

Q96

解説　「雪辱」の「雪」はすすぐ、穢《けが》れをとってきれいにするという意味です。「水で口をすすぐ」の「すすぐ」です。「辱」は恥のことです。恥をきれいに払拭《ふっしょく》する、名誉を挽回《ばんかい》するというのが「雪辱」。つまり、回復することを果たすわけです。仕返しをしてすっきりするという意味の「恨みを晴らす」と混同してしまうのでしょうか。

正解
B

Q97

正しいのはどっち？

A　監督《かんとく》が采配《さいはい》を振る

B　監督《かんとく》が采配《さいはい》を振るう

正解率
27%

難しいと答えた人
39%

解答

Q98

正しいのはどっち？

A　きずなが深まる

B　きずなが強まる

正解率
24%

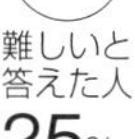

難しいと答えた人
25%

解答

Q97

解説　「采配」は、昔戦場で、大将が指揮をとるときに使った道具で、細く切った厚紙を房にして柄を付けたものです。これを振って指揮をとるのですから、Aの「振る」が正解です。「振るう」は、「腕を振るう」などと使うように、発揮するという意味ですから、これは間違いです。

正解
A

Q98

解説　「絆《きずな》」は、もともとは犬とか馬とか鷹などの動物をつなぎとめる「綱《つな》」のことですから、強くなる、「強まる」が正解です。転じて、結びつきという意味になりますので、「結びつきが深まる」と同じように思ってしまう人が多いようですが、絆は「強まる」のです。

正解
B

Q99

正しいのはどっち？

A　被害を受ける

B　被害をこうむる

正解率
20%

難しいと答えた人
24%

解答

Q100

正しいのはどっち？

A　上《うえ》には上《うえ》がある

B　上《うえ》には上《うえ》がいる

正解率
19%

難しいと答えた人
37%

解答

第10ブロック

Q99

解説　「被」には「こうむる」という意味があるので、「被害をこうむる」というと意味が重なってしまいます。こういう類《たぐい》の言い方を重言《じゅうげん》と言います。重言には慣用化しているものとそうでないものがあり、「犯罪を犯す」「負担を負う」などは許容されるでしょうが、「被害をこうむる」は使わない方がいいでしょう。

正解

A

Q100

解説　この言葉は、人だけではなく、行為や状態についても含めて言いますので、「ある」を使うのが正解です。もちろん、人だけについて言う場合にも「ある」と言います。

正解

A

あとがき

最近は日本語ブームだと言われています。巷間《こうかん》、日本語関係の本があふれています。私もその火付け役の一人かもしれませんが、大勢の人が自分の使っている言葉に関心を持つことはとてもよいことです。

変な言葉、問題な日本語がどんどん作られ、流行しては消えていきます。若者に元気があり、日本語に活力があることの証拠ですが、最近はその度が過ぎて、年配者の顰蹙《ひんしゅく》を買っています。

変な言葉、問題な言葉が流行るのは、正しい言葉の力が弱いからですが、テレビやラジオがそれを助長《じょちょう》しているということもあります。それなら、テレビを使って、正しい言葉の力を強化しようではありませんか。基本的、初歩的な日本語を知らない人がたくさんいます。テレビの力で、楽しみながら、基本的な日本語を身につけましょう。

本書には、テレビ放送の中では、時間の関係もあって、十分に話せなかったことも記載されています。

二〇〇五年九月　　北原保雄

平均点は52点！

平均点

小学生（6年生）………39点
中学生…………………43点
高校生…………………47点
東大生…………………71点
全体……………………52点

（正解率は、小学生から50代の社会人まで、計1万人に対して実施したインターネットによるモニターテストの結果です。）

あなたの得点は？

得点表

ブロック	正解数
第1ブロック	
第2ブロック	
第3ブロック	
第4ブロック	
第5ブロック	
第6ブロック	
第7ブロック	
第8ブロック	
第9ブロック	
第10ブロック	
あなたの合計得点	

「クイズ！ 日本語王」

番組スタッフ

日本語監修
　　北原保雄

構成作家
　　都築　浩
　　堀江利幸
　　佐藤雄介
　　●
　　桜井慎一

総合プロデューサー
　　正木　敦

チーフディレクター
　　鴨下　潔

プロデューサー
　　大久保竜

出版企画
　　TBS事業本部コンテンツ事業局

[編著者紹介]

北原保雄（きたはら　やすお）
1936年、新潟県柏崎市生まれ。1966年、東京教育大学大学院修了。文学博士。筑波大学名誉教授（前筑波大学長）。独立行政法人日本学生支援機構理事長。
■主な著書
『日本語の世界6　日本語の文法』（中央公論社）、『日本語助動詞の研究』（大修館書店）、『文法的に考える』（大修館書店）、『日本語文法の焦点』（教育出版）、『表現文法の方法』（大修館書店）、『青葉は青いか』（大修館書店）、『問題な日本語』（編著、大修館書店）、『達人の日本語』（文藝春秋）など。
■主な辞典
『古語大辞典』（共編、小学館）、『全訳古語例解辞典』（小学館）、『日本語逆引き辞典』（大修館書店）、『日本国語大辞典 第２版』全13巻（共編、小学館）、『明鏡国語辞典』（大修館書店）など。

クイズ！日本語王《にほんごおう》

NDC810　128p　19cm

初版第１刷――2005年10月20日

編著者――北原保雄《きたはらやすお》
発行者――鈴木一行
発行所――株式会社大修館書店
〒101-8466　東京都千代田区神田錦町3-24
電話 03-3295-6231（販売部）　03-3294-2353（編集部）
振替 00190-7-40504
[出版情報] http://www.taishukan.co.jp

装丁・本文デザイン――井之上聖子
印刷・製本――壮光舎印刷株式会社

ISBN4-469-22174-0　Printed in Japan